DAILY TIME SHEET LOG BOOK

This Book Belongs To

Name:

Phone:

Email:

DAILY TIME SHEET

NAME

MONTH **YEAR**

DAY	DATE	DESCRIPTION	TIME IN	TIME OUT	TOTAL HOURS

DAILY TIME SHEET

NAME

MONTH **YEAR**

DAY	DATE	DESCRIPTION	TIME IN	TIME OUT	TOTAL HOURS

DAILY TIME SHEET

NAME

MONTH **YEAR**

DAY	DATE	DESCRIPTION	TIME IN	TIME OUT	TOTAL HOURS

DAILY TIME SHEET

NAME

MONTH **YEAR**

DAY	DATE	DESCRIPTION	TIME IN	TIME OUT	TOTAL HOURS

DAILY TIME SHEET

NAME

MONTH **YEAR**

DAY	DATE	DESCRIPTION	TIME IN	TIME OUT	TOTAL HOURS

DAILY TIME SHEET

NAME

MONTH   **YEAR**

DAY	DATE	DESCRIPTION	TIME IN	TIME OUT	TOTAL HOURS

DAILY TIME SHEET

NAME

MONTH **YEAR**

DAY	DATE	DESCRIPTION	TIME IN	TIME OUT	TOTAL HOURS

DAILY TIME SHEET

NAME

MONTH **YEAR**

DAY	DATE	DESCRIPTION	TIME IN	TIME OUT	TOTAL HOURS

DAILY TIME SHEET

NAME

MONTH **YEAR**

DAY	DATE	DESCRIPTION	TIME IN	TIME OUT	TOTAL HOURS

DAILY TIME SHEET

NAME

MONTH   **YEAR**

DAY	DATE	DESCRIPTION	TIME IN	TIME OUT	TOTAL HOURS

DAILY TIME SHEET

NAME

MONTH **YEAR**

DAY	DATE	DESCRIPTION	TIME IN	TIME OUT	TOTAL HOURS

DAILY TIME SHEET

NAME

MONTH **YEAR**

DAY	DATE	DESCRIPTION	TIME IN	TIME OUT	TOTAL HOURS

DAILY TIME SHEET

NAME

MONTH **YEAR**

DAY	DATE	DESCRIPTION	TIME IN	TIME OUT	TOTAL HOURS

DAILY TIME SHEET

NAME

MONTH **YEAR**

DAY	DATE	DESCRIPTION	TIME IN	TIME OUT	TOTAL HOURS

DAILY TIME SHEET

NAME

MONTH **YEAR**

DAY	DATE	DESCRIPTION	TIME IN	TIME OUT	TOTAL HOURS

DAILY TIME SHEET

NAME

MONTH **YEAR**

DAY	DATE	DESCRIPTION	TIME IN	TIME OUT	TOTAL HOURS

DAILY TIME SHEET

NAME

MONTH		YEAR

DAY	DATE	DESCRIPTION	TIME IN	TIME OUT	TOTAL HOURS

DAILY TIME SHEET

NAME

MONTH **YEAR**

DAY	DATE	DESCRIPTION	TIME IN	TIME OUT	TOTAL HOURS

DAILY TIME SHEET

NAME

MONTH   **YEAR**

DAY	DATE	DESCRIPTION	TIME IN	TIME OUT	TOTAL HOURS

DAILY TIME SHEET

NAME

MONTH **YEAR**

DAY	DATE	DESCRIPTION	TIME IN	TIME OUT	TOTAL HOURS

DAILY TIME SHEET

NAME

MONTH **YEAR**

DAY	DATE	DESCRIPTION	TIME IN	TIME OUT	TOTAL HOURS

DAILY TIME SHEET

NAME

MONTH　　　　　　　　　　　**YEAR**

DAY	DATE	DESCRIPTION	TIME IN	TIME OUT	TOTAL HOURS

DAILY TIME SHEET

NAME

MONTH **YEAR**

DAY	DATE	DESCRIPTION	TIME IN	TIME OUT	TOTAL HOURS

DAILY TIME SHEET

NAME

MONTH **YEAR**

DAY	DATE	DESCRIPTION	TIME IN	TIME OUT	TOTAL HOURS

DAILY TIME SHEET

NAME

MONTH **YEAR**

DAY	DATE	DESCRIPTION	TIME IN	TIME OUT	TOTAL HOURS

DAILY TIME SHEET

NAME

MONTH　　　　　　　　　　　　**YEAR**

DAY	DATE	DESCRIPTION	TIME IN	TIME OUT	TOTAL HOURS

DAILY TIME SHEET

NAME

MONTH **YEAR**

DAY	DATE	DESCRIPTION	TIME IN	TIME OUT	TOTAL HOURS

DAILY TIME SHEET

NAME

MONTH **YEAR**

DAY	DATE	DESCRIPTION	TIME IN	TIME OUT	TOTAL HOURS

DAILY TIME SHEET

NAME

MONTH **YEAR**

DAY	DATE	DESCRIPTION	TIME IN	TIME OUT	TOTAL HOURS

DAILY TIME SHEET

NAME

MONTH **YEAR**

DAY	DATE	DESCRIPTION	TIME IN	TIME OUT	TOTAL HOURS

DAILY TIME SHEET

NAME

MONTH **YEAR**

DAY	DATE	DESCRIPTION	TIME IN	TIME OUT	TOTAL HOURS

DAILY TIME SHEET

NAME

MONTH **YEAR**

DAY	DATE	DESCRIPTION	TIME IN	TIME OUT	TOTAL HOURS

DAILY TIME SHEET

NAME

MONTH **YEAR**

DAY	DATE	DESCRIPTION	TIME IN	TIME OUT	TOTAL HOURS

DAILY TIME SHEET

NAME

MONTH **YEAR**

DAY	DATE	DESCRIPTION	TIME IN	TIME OUT	TOTAL HOURS

DAILY TIME SHEET

NAME

MONTH **YEAR**

DAY	DATE	DESCRIPTION	TIME IN	TIME OUT	TOTAL HOURS

DAILY TIME SHEET

NAME

MONTH   **YEAR**

DAY	DATE	DESCRIPTION	TIME IN	TIME OUT	TOTAL HOURS

DAILY TIME SHEET

NAME

MONTH **YEAR**

DAY	DATE	DESCRIPTION	TIME IN	TIME OUT	TOTAL HOURS

DAILY TIME SHEET

NAME

MONTH **YEAR**

DAY	DATE	DESCRIPTION	TIME IN	TIME OUT	TOTAL HOURS

DAILY TIME SHEET

NAME

MONTH **YEAR**

DAY	DATE	DESCRIPTION	TIME IN	TIME OUT	TOTAL HOURS

DAILY TIME SHEET

NAME

MONTH **YEAR**

DAY	DATE	DESCRIPTION	TIME IN	TIME OUT	TOTAL HOURS

DAILY TIME SHEET

NAME

MONTH **YEAR**

DAY	DATE	DESCRIPTION	TIME IN	TIME OUT	TOTAL HOURS

DAILY TIME SHEET

NAME

MONTH **YEAR**

DAY	DATE	DESCRIPTION	TIME IN	TIME OUT	TOTAL HOURS

DAILY TIME SHEET

NAME

MONTH **YEAR**

DAY	DATE	DESCRIPTION	TIME IN	TIME OUT	TOTAL HOURS

DAILY TIME SHEET

NAME

MONTH **YEAR**

DAY	DATE	DESCRIPTION	TIME IN	TIME OUT	TOTAL HOURS

DAILY TIME SHEET

NAME

MONTH **YEAR**

DAY	DATE	DESCRIPTION	TIME IN	TIME OUT	TOTAL HOURS

DAILY TIME SHEET

NAME

MONTH **YEAR**

DAY	DATE	DESCRIPTION	TIME IN	TIME OUT	TOTAL HOURS

DAILY TIME SHEET

NAME

MONTH **YEAR**

DAY	DATE	DESCRIPTION	TIME IN	TIME OUT	TOTAL HOURS

DAILY TIME SHEET

NAME

MONTH **YEAR**

DAY	DATE	DESCRIPTION	TIME IN	TIME OUT	TOTAL HOURS

DAILY TIME SHEET

NAME

MONTH **YEAR**

DAY	DATE	DESCRIPTION	TIME IN	TIME OUT	TOTAL HOURS

DAILY TIME SHEET

NAME

MONTH **YEAR**

DAY	DATE	DESCRIPTION	TIME IN	TIME OUT	TOTAL HOURS

DAILY TIME SHEET

NAME

MONTH **YEAR**

DAY	DATE	DESCRIPTION	TIME IN	TIME OUT	TOTAL HOURS

DAILY TIME SHEET

NAME

MONTH **YEAR**

DAY	DATE	DESCRIPTION	TIME IN	TIME OUT	TOTAL HOURS

DAILY TIME SHEET

NAME

MONTH **YEAR**

DAY	DATE	DESCRIPTION	TIME IN	TIME OUT	TOTAL HOURS

DAILY TIME SHEET

NAME

MONTH **YEAR**

DAY	DATE	DESCRIPTION	TIME IN	TIME OUT	TOTAL HOURS

DAILY TIME SHEET

NAME

MONTH　　　　　　　　　**YEAR**

DAY	DATE	DESCRIPTION	TIME IN	TIME OUT	TOTAL HOURS

DAILY TIME SHEET

NAME

MONTH   **YEAR**

DAY	DATE	DESCRIPTION	TIME IN	TIME OUT	TOTAL HOURS

DAILY TIME SHEET

NAME

MONTH **YEAR**

DAY	DATE	DESCRIPTION	TIME IN	TIME OUT	TOTAL HOURS

DAILY TIME SHEET

NAME

MONTH **YEAR**

DAY	DATE	DESCRIPTION	TIME IN	TIME OUT	TOTAL HOURS

DAILY TIME SHEET

NAME

MONTH **YEAR**

DAY	DATE	DESCRIPTION	TIME IN	TIME OUT	TOTAL HOURS

DAILY TIME SHEET

NAME

MONTH **YEAR**

DAY	DATE	DESCRIPTION	TIME IN	TIME OUT	TOTAL HOURS

DAILY TIME SHEET

NAME

MONTH **YEAR**

DAY	DATE	DESCRIPTION	TIME IN	TIME OUT	TOTAL HOURS

DAILY TIME SHEET

NAME

MONTH **YEAR**

DAY	DATE	DESCRIPTION	TIME IN	TIME OUT	TOTAL HOURS

DAILY TIME SHEET

NAME

MONTH **YEAR**

DAY	DATE	DESCRIPTION	TIME IN	TIME OUT	TOTAL HOURS

DAILY TIME SHEET

NAME

MONTH **YEAR**

DAY	DATE	DESCRIPTION	TIME IN	TIME OUT	TOTAL HOURS

DAILY TIME SHEET

NAME

MONTH   **YEAR**

DAY	DATE	DESCRIPTION	TIME IN	TIME OUT	TOTAL HOURS

DAILY TIME SHEET

NAME

MONTH **YEAR**

DAY	DATE	DESCRIPTION	TIME IN	TIME OUT	TOTAL HOURS

DAILY TIME SHEET

NAME

MONTH **YEAR**

DAY	DATE	DESCRIPTION	TIME IN	TIME OUT	TOTAL HOURS

DAILY TIME SHEET

NAME

MONTH **YEAR**

DAY	DATE	DESCRIPTION	TIME IN	TIME OUT	TOTAL HOURS

DAILY TIME SHEET

NAME

MONTH   **YEAR**

DAY	DATE	DESCRIPTION	TIME IN	TIME OUT	TOTAL HOURS

DAILY TIME SHEET

NAME

MONTH **YEAR**

DAY	DATE	DESCRIPTION	TIME IN	TIME OUT	TOTAL HOURS

DAILY TIME SHEET

NAME

MONTH **YEAR**

DAY	DATE	DESCRIPTION	TIME IN	TIME OUT	TOTAL HOURS

DAILY TIME SHEET

NAME

MONTH　　　　　　　　　　**YEAR**

DAY	DATE	DESCRIPTION	TIME IN	TIME OUT	TOTAL HOURS

DAILY TIME SHEET

NAME

MONTH **YEAR**

DAY	DATE	DESCRIPTION	TIME IN	TIME OUT	TOTAL HOURS

DAILY TIME SHEET

NAME

MONTH **YEAR**

DAY	DATE	DESCRIPTION	TIME IN	TIME OUT	TOTAL HOURS

DAILY TIME SHEET

NAME

MONTH **YEAR**

DAY	DATE	DESCRIPTION	TIME IN	TIME OUT	TOTAL HOURS

DAILY TIME SHEET

NAME

MONTH **YEAR**

DAY	DATE	DESCRIPTION	TIME IN	TIME OUT	TOTAL HOURS

DAILY TIME SHEET

NAME

MONTH **YEAR**

DAY	DATE	DESCRIPTION	TIME IN	TIME OUT	TOTAL HOURS

DAILY TIME SHEET

NAME

MONTH **YEAR**

DAY	DATE	DESCRIPTION	TIME IN	TIME OUT	TOTAL HOURS

DAILY TIME SHEET

NAME

MONTH **YEAR**

DAY	DATE	DESCRIPTION	TIME IN	TIME OUT	TOTAL HOURS

DAILY TIME SHEET

NAME

MONTH **YEAR**

DAY	DATE	DESCRIPTION	TIME IN	TIME OUT	TOTAL HOURS

DAILY TIME SHEET

NAME

MONTH **YEAR**

DAY	DATE	DESCRIPTION	TIME IN	TIME OUT	TOTAL HOURS

DAILY TIME SHEET

NAME

MONTH **YEAR**

DAY	DATE	DESCRIPTION	TIME IN	TIME OUT	TOTAL HOURS

DAILY TIME SHEET

NAME

MONTH   **YEAR**

DAY	DATE	DESCRIPTION	TIME IN	TIME OUT	TOTAL HOURS

DAILY TIME SHEET

NAME

MONTH **YEAR**

DAY	DATE	DESCRIPTION	TIME IN	TIME OUT	TOTAL HOURS

DAILY TIME SHEET

NAME

MONTH   **YEAR**

DAY	DATE	DESCRIPTION	TIME IN	TIME OUT	TOTAL HOURS

DAILY TIME SHEET

NAME

MONTH **YEAR**

DAY	DATE	DESCRIPTION	TIME IN	TIME OUT	TOTAL HOURS

DAILY TIME SHEET

NAME

MONTH **YEAR**

DAY	DATE	DESCRIPTION	TIME IN	TIME OUT	TOTAL HOURS

DAILY TIME SHEET

NAME

MONTH **YEAR**

DAY	DATE	DESCRIPTION	TIME IN	TIME OUT	TOTAL HOURS

DAILY TIME SHEET

NAME

MONTH　　　　　　　　　　　　　**YEAR**

DAY	DATE	DESCRIPTION	TIME IN	TIME OUT	TOTAL HOURS

DAILY TIME SHEET

NAME

MONTH **YEAR**

DAY	DATE	DESCRIPTION	TIME IN	TIME OUT	TOTAL HOURS

DAILY TIME SHEET

NAME

MONTH **YEAR**

DAY	DATE	DESCRIPTION	TIME IN	TIME OUT	TOTAL HOURS

DAILY TIME SHEET

NAME

MONTH　　　　　　　　**YEAR**

DAY	DATE	DESCRIPTION	TIME IN	TIME OUT	TOTAL HOURS

DAILY TIME SHEET

NAME

MONTH **YEAR**

DAY	DATE	DESCRIPTION	TIME IN	TIME OUT	TOTAL HOURS

DAILY TIME SHEET

NAME

MONTH **YEAR**

DAY	DATE	DESCRIPTION	TIME IN	TIME OUT	TOTAL HOURS

DAILY TIME SHEET

NAME

MONTH   **YEAR**

DAY	DATE	DESCRIPTION	TIME IN	TIME OUT	TOTAL HOURS

DAILY TIME SHEET

NAME

MONTH **YEAR**

DAY	DATE	DESCRIPTION	TIME IN	TIME OUT	TOTAL HOURS

DAILY TIME SHEET

NAME

MONTH **YEAR**

DAY	DATE	DESCRIPTION	TIME IN	TIME OUT	TOTAL HOURS

DAILY TIME SHEET

NAME

MONTH   **YEAR**

DAY	DATE	DESCRIPTION	TIME IN	TIME OUT	TOTAL HOURS

DAILY TIME SHEET

NAME

MONTH **YEAR**

DAY	DATE	DESCRIPTION	TIME IN	TIME OUT	TOTAL HOURS

DAILY TIME SHEET

NAME

MONTH **YEAR**

DAY	DATE	DESCRIPTION	TIME IN	TIME OUT	TOTAL HOURS

DAILY TIME SHEET

NAME

MONTH **YEAR**

DAY	DATE	DESCRIPTION	TIME IN	TIME OUT	TOTAL HOURS

DAILY TIME SHEET

NAME

MONTH **YEAR**

DAY	DATE	DESCRIPTION	TIME IN	TIME OUT	TOTAL HOURS

DAILY TIME SHEET

NAME

MONTH   **YEAR**

DAY	DATE	DESCRIPTION	TIME IN	TIME OUT	TOTAL HOURS

DAILY TIME SHEET

NAME

MONTH   **YEAR**

DAY	DATE	DESCRIPTION	TIME IN	TIME OUT	TOTAL HOURS

DAILY TIME SHEET

NAME

MONTH **YEAR**

DAY	DATE	DESCRIPTION	TIME IN	TIME OUT	TOTAL HOURS

Made in United States
North Haven, CT
19 June 2024

53807506R00061